BEI GRIN MACHT SICH IHR WISSEN BEZAHLT

- Wir veröffentlichen Ihre Hausarbeit,
  Bachelor- und Masterarbeit

- Ihr eigenes eBook und Buch -
  weltweit in allen wichtigen Shops

- Verdienen Sie an jedem Verkauf

Jetzt bei www.GRIN.com hochladen und kostenlos publizieren

Somatisches und vegetatives Nervensystem, Funktionen von verschiedenen Hormonen und Anwendungsmöglichkeiten des Neurofeedbacks

Vivien Albers

Bibliografische Information der Deutschen Nationalbibliothek:

Die Deutsche Nationalbibliothek verzeichnet diese Publikation in der Deutschen Nationalbibliografie; detaillierte bibliografische Daten sind im Internet über http://dnb.d-nb.de abrufbar.

ISBN: 9783346750426
Dieses Buch ist auch als E-Book erhältlich.

© GRIN Publishing GmbH
Nymphenburger Straße 86
80636 München

Alle Rechte vorbehalten

Druck und Bindung: Books on Demand GmbH, Norderstedt Germany
Gedruckt auf säurefreiem Papier aus verantwortungsvollen Quellen

Das vorliegende Werk wurde sorgfältig erarbeitet. Dennoch übernehmen Autoren und Verlag für die Richtigkeit von Angaben, Hinweisen, Links und Ratschlägen sowie eventuelle Druckfehler keine Haftung.

Das Buch bei GRIN: https://www.grin.com/document/1282458

Inhaltsverzeichnis

Abkürzungsverzeichnis

Abb.	=	Abbildung
ADHS	=	Aufmerksamkeitsdefizit- und Hyperaktivitätsstörung
bspw.	=	beispielsweise
bzw.	=	beziehungsweise
d.h.	=	das heißt
EEG	=	Elektroenzephalographie
etc.	=	et cetera
fMRT	=	funktionelle Magnetresonanztomographie
HEG	=	Hemoenzephalographie
Hz	=	Hertz
PTBS	=	Posttraumatische Belastungsstörung
SCP	=	slow cortical potentials
		(langsame kortikale Potenziale)
SMR	=	sensomotorischer Rhythmus
sog.	=	sogenannte(n)
Tab.	=	Tabelle
z.B.	=	zum Beispiel

Abbildungsverzeichnis

Tabellenverzeichnis

Aufgabe 1

Im Kapitel 1 wird das Nervensystem kurz erläutert. Im Unterkapitel 1.1 und im Unterkapitel 1.2 wird jeweils das somatische und das vegetative Nervensystem beschrieben und im Unterkapitel 1.3 werden die Unterschiede zwischen diesen beiden Nervensystemen erklärt.

1 Das Nervensystem

Das Nervensystem umfasst alle Nervenzellen im menschlichen Körper und dient als Überwachsungs- und Regulationsorgan. Seine Aufgabe besteht darin, die Interaktion des Organismus mit der Außenwelt und das Zusammenspiel der einzelnen Teile des Organismus untereinander zu vermitteln und zu regeln. Es ist damit für die Integration der vielfältigen Prozesse des psychischen und physischen Verhaltens des Menschen sowie den dafür notwendigen Informationsaustausch verantwortlich (Becker-Carus & Wendt, 2017, S. 32).

Das Nervensystem des Menschen kann in das zentrale Nervensystem und das periphere Nervensystem unterschieden werden. Das zentrale Nervensystem umfasst alle Nervenzellen im Gehirn und Rückenmark. Das periphere Nervensystem umfasst alle weiteren Neuronen, die sich außerhalb des Gehirns und Rückenmarks im Körper befinden. Das periphere Nervensystem kann weiterhin in das somatische und das vegetative Nervensystem unterteilt werden. Die Zellen im Nervensystem können drei verschiedene Funktionen erfüllen. Sensorische Zellen, sog. Afferenzen, dienen der Wahrnehmung und Aufnahme von Informationen. Motorische Zellen, sog. Efferenzen, dienen der Ansteuerung von Muskeln.

Interneurone dienen der Verrechnung von Informationen (Schmithüsen & Anton, 2015, S. 164). Ein Überblick über den hierarchischen Aufbau des Nervensystems ist in Abb. 1 dargestellt.

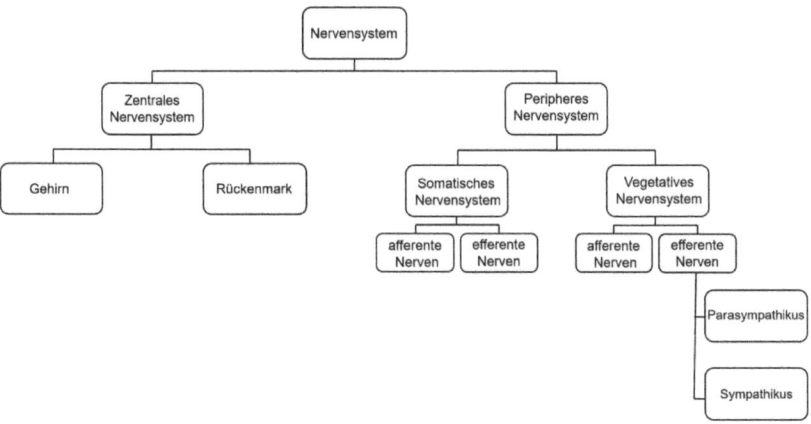

Abb. 1: Hierarchischer Aufbau des menschlichen Nervensystems

(Quelle: Eigene Darstellung in Anlehnung an Anton, 2006)

1.1 Das somatische Nervensystem

Das somatische Nervensystem, auch als skelettales Nervensystem bezeichnet, ist der Teil des peripheren Nervensystems, der mit der Umwelt interagiert und der bewussten und willentlichen Kontrolle unterstellt ist. Es besteht aus afferenten und efferenten Nerven. Afferente Nerven leiten sensorische Informationen von Rezeptoren in der Haut, den Skelettmuskeln, den Gelenken, den Augen und Ohren zum zentralen Nervensystem. Im afferenten Teil werden also der Wahrnehmung dienende Informationen von den Sinnesorganen und den Körperrezeptoren zum Gehirn geleitet. Efferente Nerven übermitteln Signale aus dem zentralen Nervensystem an die Skelettmuskulatur. Im efferenten Teil wird somit die Skelettmuskulatur kontrolliert, sodass die Ausführung einer bewussten Bewegung möglich ist, z.B. das Heben der Hand oder das Schließen der Augen (Karim & Eck, 2015, S. 26; Becker-Carus & Wendt, 2017, S. 43-44).

1.2 Das vegetative Nervensystem

Das vegetative Nervensystem wird auch als autonomes oder viszerales Nervensystem bezeichnet. Es ist der Teil des peripheren Nervensystems, der die inneren Organe wie Herz, Lunge, Magen-Darm-Trakt sowie die Gefäße und Drüsen steuert. Es ist auch an der Aufrechterhaltung des körperlichen Gleichgewichts, der sog. Homöstase, beteiligt. Diese Prozesse finden meist unbewusst und nicht willentlich kontrollierbar statt. Das vegetative Nervensystem besteht ebenfalls aus afferenten Nerven und efferenten Nerven. Zu den efferenten Nerven gehören zwei Untersysteme, die weitgehend antagonistisch zueinander arbeiten: das sympathische und das parasympathische Nervensystem, auch Sympathikus und Parasympathikus genannt. Der Sympathikus reagiert weitgehend aktivierend und sorgt bei emotionaler Erregung für die Aktivierung, Stimulierung und Mobilisierung von Energie und Leistungsressourcen. Damit bereitet er insbesondere auf bedrohliche Situationen vor. Der Sympathikus ist ergotrop, d.h. auf Arbeit ausgerichtet und kann bspw. bewirken, dass Herzschlag und Blutzuckerspiegel ansteigen, sowie Verdauungstätigkeiten vermindert werden. Der Parasympathikus wirkt dagegen hemmend und sorgt nach der Anspannung für die Beruhigung und Erholung. Er ist dafür zuständig Energiereserven aufzubauen. Dies geschieht, indem er bspw. für eine Verminderung des Herzschlags und des Blutzuckerspiegels sowie für das Wiedereinsetzen der Verdauungstätigkeit sorgt. Er ist somit trophotrop, d.h. auf Ruhe ausgerichtet. Die meisten Organe werden sowohl sympathisch als auch parasympathisch innerviert. Tab. 1 zeigt einige Beispiele für die Wirkungsweise von Sympathikus und Parasympathikus (Becker-Carus & Wendt, 2017, S. 44).

Organ	Sympathikus	Parasympathikus
Auge	Pupillendilatation	Pupillenkonstriktion
Speicheldrüse	Hemmt Speichelfluss	Stimuliert Speichelfluss
Lunge	Entspannt Atemwege	Verengt Atemwege
Herz	Beschleunigt Herzschlag	Verlangsamt Herzschlag
Magen-Darm	Hemmt Verdauung	Stimuliert Verdauung
Haut	Verengt Blutgefäße	Erweitert Blutgefäße
Blase	Entspannt Blase	Zieht Blase zusammen

Tab. 1: Sympathikus und Parasympathikus: Beispiele der Wirkungsweisen

(Quelle: Eigene Darstellung in Anlehnung an Entringer & Heim, 2016, S. 22)

Im Darm gibt es ein eigenständiges Nervensystem, welches ebenfalls zum vegetativen Nervensystem gehört. Dieses wird als Darmnervensystem oder enterisches Nervensystem bezeichnet. Es enthält etwa so viele Nervenzellen wie das Rückenmark und steuert die Funktion des Magen-Darm-Traktes, einschließlich der Speiseröhre, wobei Sympathikus und Parasympathikus modulierend eingreifen (Gertz & Liebman, 2003; Entringer & Heim, 2016, S. 23).

1.3 Unterschiede des somatischen und vegetativen Nervensystems

Das somatische sowie auch das vegetative Nervensystem gehören zum peripheren Nervensystem des menschlichen Körpers. Insgesamt umfasst das periphere
Nervensystem das Netzwerk der Afferenzen und Efferenzen, die die Verbindung
zwischen dem zentralen Nervensystem und der Peripherie, also den Organen,
Muskeln und der Haut herstellen (Becker-Carus & Wendt, 2017, S. 43). Während
das somatische Nervensystem keine weiteren Untersysteme besitzt, gehören
zum vegetativen Nervensystem das Darmnervensystem und die efferenten Nerven Sympathikus und Parasympathikus.

Dem somatischen und vegetativen Nervensystem kommen verschiedene Aufga-
ben zu. Das somatische Nervensystem versorgt die Skelettmuskeln, während
das vegetative Nervensystem die Organe versorgt. Skelettmuskeln werden direkt
von einem Vorderhornneuron angesteuert. Bei Organen gibt es jedoch eine weitere Umschaltung von prä- auf postganglionär. Das Ganglion ist eine Ansamm-
lung von Zellkörpern, die synaptischen Input von den vorgeschalteten Seiten-
hornneuronen erhalten (Schmithüsen & Anton, 2015, S. 170). Diese Verschal-
tungen sind in Abb. 2 dargestellt.

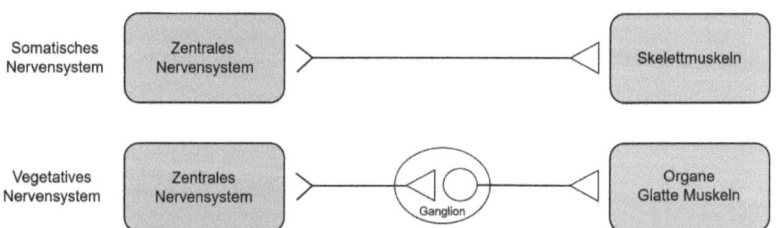

Abb. 2: Prinzipielle Verschaltung der Nervenzellen im somatischen und vegetativen Nervensystem

(Quelle: Eigene Darstellung in Anlehnung an Schmithüsen & Anton, 2015, S. 170)

Den jeweiligen Aufgabenbereichen der beiden Teilsysteme kommen zudem verschiedene Funktionen zu. Das somatische Nervensystem ist verantwortlich für die bewusste Kontaktaufnahme mit der Außenwelt. Dies geschieht über die Sinnesorgane, die willentliche sowie reflektorische Motorik, die bewusste Wahrnehmung von Umweltreizen und Reizen aus dem Köperinneren und die bewusste Nachrichtenverarbeitung. Das vegetative Nervensystem ist ein Kommunikationssystem für den Informationsaustausch zwischen den einzelnen Organen des Körpers. Damit ist es verantwortlich für lebenswichtige Funktionen wie Herzschlag, Atmung, Blutdruck, Verdauung und Stoffwechsel. Es sorgt dafür, dass sich der Organismus an wechselnde Bedingungen anpasst und so die Homöostase erhalten bleibt (von der Assen, 2016, S. 80). Das vegetative Nervensystem unterliegt nicht im gleichen Ausmaß der direkten, willkürlichen Kontrolle wie das somatische Nervensystem. Funktionen des somatischen Nervensystems laufen meist bewusst ab und sind durch das Individuum kontrollierbar, während Funktionen des vegetativen Nervensystems selbstständig und ohne bewussten Impuls ablaufen. Ausnahmen gibt es dennoch, bspw. kann ein Individuum seine Herzfrequenz durch Entspannungsübungen, wie einer progressiven Muskelentspannung, dämpfen.

Aufgabe 2

Im Kapitel 2 wird die Hypophyse kurz beschrieben und in den Unterkapiteln 2.1, 2.2., 2.3 und 2.4 werden jeweils die Hormone Oxytocin, Vasopressin, Somatotropin und Prolaktin beschrieben sowie ihre Funktionen erläutert.

2 Die Hypophyse

Die Hypophyse, auch als Hirnanhangsdrüse bezeichnet, ist eine endokrine Drüse, welche sich innerhalb einer knöchernen Struktur, der Sella turcica, an der Schädelbasis befindet. Sie wird neuronal vom Hypothalamus gesteuert und reguliert die Ausschüttung von Hormonen anderer endokrinen Drüsen. Der Hypothalamus liegt im Zwischenhirn des Menschen, genauer unter dem vorderen Teil des Thalamus. Er spielt eine bedeutende Rolle bei der Steuerung verschiedener motivationaler Zustände und produziert im Wesentlichen Steuerhormone für den Hypophysenvorderlappen, d.h. Hormone, die wiederrum auf die Produktion anderer Hormone in der Hypophyse einwirken (Karim & Eck, 2015, S. 39; Schmithüsen & Anton, 2015, S. 211). Hormone sind chemische Botenstoffe, die von innersekretorischen Drüsen ausgeschieden werden und mit dem Blutstrom zu anderen, teils weit entfernten Teilen des Körpers transportiert werden. Dort werden sie erkannt und lösen spezifische Effekte aus (Becker-Carus & Wendt, 2017, S. 46).

Die Hypophyse ist in zwei Teile aufgeteilt. Sie besteht zum einen aus dem Hypophysenhinterlappen, auch Neurohypophyse genannt, und aus dem Hypophysenvorderlappen, auch Adenohypophyse genannt. Beide Lappen sind mit dem Hypothalamus durch ein Zwischenstück verbunden. Die Neurohypophyse produziert keine Hormone, sondern leitet hauptsächlich Hormone, die vom Hypothalamus produziert wurden, an den Blutkreislauf weiter. Die Hormone des Hypothalamus kommen über ein erstes Kapillarnetz in die Adenohypophyse. Anschließend werden die Hormone der Adenohypophyse gebildet und mithilfe eines zweiten Kapillarnetzes in die Zielzellen gebracht. Die Hypophyse produziert einerseits Hormone, die auf andere Drüsen einwirken und zum anderen auch solche, die auf alle Körperzellen einwirken können (Schmithüsen & Anton, 2015, S. 211). Abb. 3 zeigt die Lage des Hypothalamus und der Hypophyse im Gehirn. Die

Hypophyse schüttet über zehn verschiedene Hormone aus. Auf vier von diesen Hormonen wird im Folgenden eingegangen.

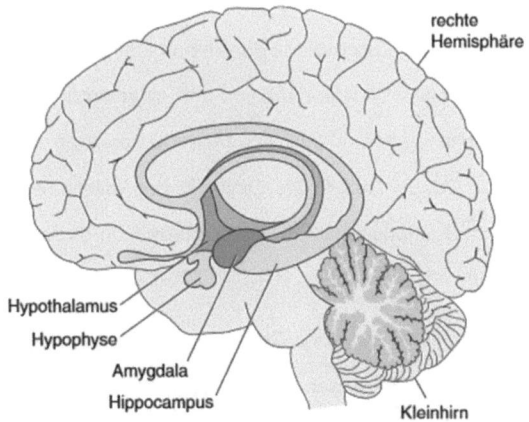

Abb. 3: Lage des Hypothalamus und der Hypophyse

(Quelle: Becker-Carus & Wendt, 2017, S. 52)

2.1 Oxytocin

Oxytocin wird im supraoptischen Kern des Hypothalamus produziert und über axonalen Transport in die Neurohypophyse weitergeleitet. Dort wird sie direkt in die Blutbahn ausgeschüttet, um so zu den Zielorganen zu gelangen (Entringer & Heim, 2016, S. 25). Es gehört zur Hormonklasse der lipophoben, d.h. der fettunlöslichen Hormone und hat eine Neurohormonwirkung sowie eine endokrine Wirkung. Bei Frauen stimuliert es während der Wehen die rhythmische Kontraktion der glatten Uterusmuskulatur, welche den Geburtsvorgang unterstützen. Da die Uterusmuskulatur gegen Ende der Schwangerschaft empfindlicher gegenüber der Oxytocinwirkung reagiert, kann Oxytocin als wehenförderndes Mittel eingesetzt werden. Es löst zudem den Milchejektionsreflex beim Stillen aus und ist damit verantwortlich für die Laktation, d.h. die Milchabgabe aus der Brustdrüse beim Stillen. Ein Saugreiz an der laktierenden Brust der stillenden Frau führt auf nervalem Weg zu Signalen an den Hypothalamus. Diese Signale führen zu einer Steigerung der Oxytocinproduktion und einer erhöhten Ausschüttung des Oxytocins in den Blutstrom, was dann die Milchejektion an der Brustdrüse auslöst. Nach der Geburt fördert das Oxytocin den Milcheinschluss in die mütterliche Brust. Das Brustpflegeverhalten steigt zudem durch eine erhöhte Oxyticinproduktion (Schmithüsen & Anton, 2015, S. 209-233; Schandry, 2016, S. 189-190).

Oxytocin spielt zudem eine Rolle als Neurotransmitter bei der Regulation von Sozialverhalten, besonders bei der Vermittlung der Mutter-Kind-Bindung sowie beim Partnerverhalten. Es fördert Gefühle der Empathie und Sicherheit im interpersonalen Kontext und wird aus diesem Grund auch als „Bindungshormon" bezeichnet. Die Dichte an Oxytocinrezeptoren im Gehirn ist besonders hoch in dopaminergen Regionen, die eine bedeutsame Rolle beim Belohnungslernen spielen. Dadurch wird erklärt, dass soziale Bindung als belohnend empfunden wird. So wird Oxytocin auch bei jeder Art von angenehmem Hautkontakt, wie z.B. Wärme und Massieren ausgeschüttet. Neurochemische Studien zeigen, dass Oxytocin bei Menschen mit psychischen Zuständen wie Liebe, Vertrauen, Ruhe und Stressreduktion in Zusammenhang gebracht wird. In einer Humanstudie löste die intranasale Zufuhr von Oxytocin positive Verhaltensweisen wie häufigeren Blickkontakt, Zunahme empathischen Verhaltens, besseres Erinnerungsvermögen für Gesichter, großzügigeres Verhalten und Angstreduktion aus. Oxytocin scheint aber auch als Stresshormon zu dienen. Es wird in großen Mengen während belastender Bedingungen ausgeschüttet, die von Hilflosigkeit gekennzeichnet sind. Dagegen steigt der Oxytocinspiegel in Stresssituationen, die als zu bewältigen bewertet werden, nicht oder nur geringfügig. Die Oxytocinausschüttung dient in Stresssituationen möglicherweise dazu, die physiologischen und psychischen negativen Begleitprozesse der Stresssituation zu mildern (Schandry, 2016, S. 190; Karim & Eck, 2015, S. 48; Entringer & Heim, 2016, S. 26-27; Herbert, 2017, S. 36).

2.2 Vasopressin

Vasopressin, auch als antidiuretisches Hormon bezeichnet, ist neben Oxytocin das zweite Hormon, welches direkt im supraoptischen Kern des Hypothalamus hergestellt und von der Hypophyse lediglich weitergeleitet wird. In der Neurohypophyse angekommen, wird Vasopressin in die Blutbahn ausgeschüttet und gelangt so zum Zielorgan, den Nieren (Entringer & Heim, 2016, S. 25). Die wesentliche physiologische Aufgabe von Vasopressin ist die Harnkonzentration in der Niere zu fördern, also die Wasserausscheidung zu verhindern. Sie wird insbesondere nachts ausgeschüttet und ermöglicht es so gesunden Erwachsenen, ohne Bettnässen durchzuschlafen (Karim & Eck, 2015, S. 48). Vasopressin spielt eine Rolle bei verschiedenen wichtigen Funktionen im Körper, wie die Entstehung von Durstgefühlen, die Steuerung des Wasserhaushalts im Körper, die Regulation des osmotischen Gleichgewichts, die Blutdruckregulation und die Nierenfunktion (Cuzzo & Lappin, 2018).

Eine höhere Konzentration von Vasopressin führt zur Kontraktion der glatten Muskulatur, insbesondere in den Wänden der Blutgefäße. Wenn die Gefäßwände kontrahieren, steigt der Druck in den Gefäßen an. Typische Effekte von Vasopressin in höheren Konzentrationen sind daher die Steigerung des Blutdrucks und die Erhöhung der Darmperistaltik infolge der rhythmischen Kontraktionen der Darmwände. Die Vasopressinkonzentration wird über Rezeptoren für den osmotischen Druck im Hypothalamus reguliert. Hier wird der Verdünnungs-grad des Blutes bestimmt. Bereits bei einer Erhöhung des osmotischen Druckes von nur 1% vom Normalwert kommt es zur Vasopressinausschüttung. (Schandry, 2016, S. 188-189).

Aktuellere Studien zeigen, dass Vasopressin eine Bedeutung im Zusammenhang mit dem Sexualverhalten hat. Die Vasopressinkonzentration im Gehirn korreliert bei männlichen Versuchstieren mit der Intensität sexueller Aktivität. Weitere Er-gebnisse beziehen sich auf psychische Funktionen. Diese weisen auf Zusam-menhänge des Vasopressins mit Lern- und Gedächtnisfunktionen hin. Genetisch bedingte Defizite in der Vasopressinproduktion können dazu führen, dass be-stimmte Lebensaufgaben schlechter bewältigt werden. Zudem konnte in Human-studien nachgewiesen werden, dass bei intranasaler Zufuhr von Vasopressin ag-gressives Verhalten zunimmt, allerdings auch Angst und der erlebte Stress in sozialen Situationen. Diese vielfältigen Wirkungen lassen sich dadurch erklären, dass Vasopressin an vielen Stellen im Gehirn seine Wirkung als Neurotransmitter bzw. Neuromodulator entfalten kann (Schandry, 2016, S. 189).

2.3 Somatotropin

Somatotropin ist ein Wachstumshormon, welches in der Adenohypophyse pro-duziert wird. Es wirkt auf die Proteinsynthese ein und fördert damit das Knochen-wachstum. Besonders hohe Mengen werden während der Pubertät ausgeschüt-tet (Karim & Eck, 2015, S. 48; Schmithüsen & Anton, 2015, S. 213; Becker-Carus & Wendt, 2017, S. 46). Anders als bei den meisten anderen Vorderlappenhormo-nen wirkt es auf kein spezifisches Zielorgan, sondern beeinflusst die Aktivität vie-ler verschiedener Körperzellen. So mobilisiert es die Fettsäuren aus dem Fettgewebe, steigert den Blutzuckerspiegel und hemmt die Glukoseaufnahme in die Zellen. Es dient bei Erwachsenen in erster Linie der Feinregulierung verschiedener energiebereitstellender Prozesse. Aus diesem Grund steigt die Hormonausschüttung in Stresssituationen. Durch die Anregung der Bildung wachstumsfördernden Peptiden in der Leber, den Somatomedinen, wirkt es indirekt auf das Wachstum von Knorpel, Knochen und Muskelgewebe. Übermäßige Produktion von Somatotropin führt bei Jugendlichen zu Riesenwachstum, umgekehrt führt eine verringerte Produktion zu Zwergenwachstum. Ist das Längenwachstum bereits abgeschlossen, ergibt sich als Konsequenz eines Somatotropinüberschusses eine Akromegalie. Akren sind die Enden von Körperteilen, wie Nase, Kinn, Hände und Füße. Zudem kann es zu einer Größenzunahme der Eingeweide kommen. Ursache für einen solchen Überschuss sind häufig Hypophysentumoren. Die Ausschüttung Somatotropins wird über hypothalamische Freisetzungs- und Hemmungshormone gesteuert. Das Freisetzungshormon Somatoliberin wird in Schüben an die Hypophyse abgegeben. Es wird vor allem während nächtlicher Tiefschlafphasen ausgeschüttet. Das Hemmungshormon für das Somatotropin ist das Somatostatin, welches ebenfalls im Hypothalamus, aber auch von endokrinen Zellen des Magen-Darm-Trakts produziert wird. Neben der Hemmung der Somatotropinausschüttung bewirkt das Somatostatin besonders im Magen-Darm-Trakt die Hemmung anderer innersekretorischer Prozesse (Schandry, 2016, S. 184-186).

2.4 Prolaktin

Prolaktin, auch als laktotropes Hormon bezeichnet, wird von der Adenohypophyse ausgeschüttet und fördert die Milchsynthese (Schmithüsen & Anton, 2015,

S. 213). Es wirkt auf die weibliche Brustdrüse und damit auf die Milchproduktion. Aus diesem Grund spielt es eine wichtige Rolle für die Brusternährung nach der Entbindung. Hohe Konzentrationen können für das Ausbleiben der Menstruation und Infertilitätsprobleme verantwortlich sein (von der Assen, 2016, S. 84; Ehlert, 2016, S. 367).

Die wichtigsten und bekanntesten Funktionen des Prolaktins sind die Anregung des Wachstums der weiblichen Brust während der Pubertät und Schwangerschaft, sowie die Stimulation der Milchproduktion in den Brustdrüsen. Demgemäß ist in der Schwangerschaft und während der Stillzeit die Prolaktinkonzentration erhöht. Die Prolaktinausschüttung wird bei der stillenden Frau durch Saugreize im Bereich der Brustwarzen angeregt. Dies geschieht über nervale Verbindungen von den Brustwarzen zum Hypothalamus. Von dort werden verschiedene Neuropeptid-Hormone zur Hypophyse transportiert, wodurch es zur Prolaktinausschüttung kommt und somit zu einer erhöhten Milchproduktion. Während Phasen erhöhter Prolaktinkonzentration ist die Sekretion von Gonadotropinen reduziert. Gonadotropine sind Stoffe, die die Produktion von Geschlechtshormonen anregen. Damit lässt sich erklären, dass während der Stillzeit häufig der ovariale Zyklus ausbleibt bzw. unregelmäßig verläuft. Aufgrund des niedrigen Prolaktinspiegels ist die Wahrscheinlichkeit für eine nächste Schwangerschaft bei nicht oder nur kurz stillenden Müttern höher als bei stillenden Müttern. Männer haben ca. 30% weniger Prolaktin im Körper als Frauen. Eine stark erhöhte Prolaktinkonzentration im männlichen Körper geht mit erniedrigter Spermienzahl und Libidoeinbußen einher. Da Prolaktin allerdings im Regelfall nicht in höherer Konzentration benötigt wird, steht seine Ausschüttung unter anhaltenden Hemmungen durch den Hypothalamus. Hier wirkt Dopamin als hypothalamischer Prolaktinhemmungsfaktor. Prolaktin ist zudem an immunologischen Vorgängen beteiligt, da viele Zellen des Immunsystems Prolaktinrezeptoren besitzen. Auch akute psychische Belastung führt zu einem Prolaktinanstieg. In diesem Zusammenhang hat Prolaktin die Aufgabe, den immunsupprimierenden Effekt des Stresshormons Kortisol zu unterdrücken (Schandry, 2016, S. 186-187).

Aufgabe 3

Im Kapitel 3 geht es um das Neurofeedback. Zunächst werden die Begriffe Biofeedback und Elektroenzephalografie erklärt. Im Unterkapitel 3.1 wird dann auf das Prinzip des Neurofeedbacks eingegangen und im Unterkapitel 3.2 werden Anwendungsmöglichkeiten des Neurofeedbacks erläutert. In den Unterkapiteln 3.2.1 und 3.2.2 werden Beispiele für Anwendungsbereiche des Neurofeedbacks kurz beschrieben.

3 Neurofeedback

Neurofeedback ist eine Spezialrichtung des Biofeedbacks. **Biofeedback** beschreibt nicht-invasive Verfahren, bei denen ein Patient eine Echtzeitrückmeldung bestimmter, normalerweise nicht wahrnehmbarer Körpersignale erhält. Diese Signale beziehen sich auf körperliche Prozesse, die meist unbewusst ablaufen und reguliert werden. Das ausgewogene Zusammenspiel aller körperlichen Prozesse spielt eine wichtige Rolle für das körperliche und psychische Wohlbefinden. Biofeedback bietet die Möglichkeit, den Zustand sowie die Veränderung und die Veränderbarkeit dieser körperlichen Prozesse bewusst und sichtbar zu machen. Die Körpersignale werden über bestimmte Messsensoren erfasst und an einen Computer weitergeleitet, verarbeitet und über gewünschte Kanäle zurückgemeldet. Dieser Prozess dient dazu, zusätzliche Informationen über Körperprozesse zu liefern und so Körper und Geist zu verbinden. Mithilfe von operanter Konditionierung lernt der Patient, seine Körperprozesse bewusst zu beeinflussen. Operante Konditionierung ist das Lernen durch Konsequenzen. Verhalten wird entweder durch Verstärkung gefördert oder durch Bestrafung gemindert. Sobald es dem Patienten gelingt, ein Biofeedback-Signal auf gewünschte Weise zu verändern, werden ihm unmittelbar visuelle oder akustische Signale zur Verstärkung gesendet und so das Verhalten gefördert. Biofeedback kann bspw. zur Regulation der Gehirnaktivität, der Herzfrequenz, des Blutdrucks, der Hauttemperatur und der Muskelspannung eingesetzt werden. Somit ist Biofeedback der Überbegriff für alle Möglichkeiten, Körpersignale zu messen und Veränderungen zu trainieren. Um störungsspezifische neuronale Aktivitätsmuster gezielt zu verändern, können verschiedene Verfahren eingesetzt werden. Diese unterscheiden sich hinsichtlich der Messtechnik, z.B. Elektroenzephalographie (EEG), funktionelle Magnetresonanztomographie (fMRT), etc. Die älteste Form des Biofeedbacks ist das EEG-Neurofeedback (Haus, Held, Kowalski, Krombholz, Nowak, Schneider, Strauß & Wiedemann, 2020, S. 4-6; Blume, Schmidt & Hilbert, 2017, S. 205).

Die **EEG** dient zur Messung der summierten elektrischen Aktivität im Gehirn und kann durch Elektroden, die auf der Kopfoberfläche befestigt werden, gemessen werden. Verantwortlich für die elektrischen Signale an der Schädeloberfläche sind die Nervenzellen im Kortex, die als Pyramidenzellen bekannt sind. Durch diese werden elektrische Signale im Gehirn erzeugt, welche dann im EEG messbar sind. Die EEG-Frequenzen lassen sich mit verschiedenen Bewusstseinszuständen in Verbindung bringen. So sind bspw. Alpha-Wellen mit einer Frequenz von 8-10 Hz typisch für einen entspannten Wachzustand. Eine Übersicht ist in Tab. 2 dargestellt (Karim & Eck, 2015, S. 64; Haus et al., 2020, S. 16).

Name	Frequenzband	Erregungszustand
High-Beta	20-30 Hz	Anspannung
Low-Beta	15-20 Hz	Wach fokussiert, konzentriert
SMR	12-15 Hz	Motorisch ruhig fokussiert, aufmerksam
Alpha	8-12 Hz	Unaufmerksam, entspannt, wach
Theta	4-7 Hz	Schläfrig
Delta	1-3 Hz	Tiefschlaf
Infra-Low	0,1-0,0001 Hz	Erregbarkeit

Tab. 2: Frequenzen des EEGs

(Quelle: Eigene Darstellung in Anlehnung an Haus et al., 2020, S.19)

3.1 Prinzip des Neurofeedbacks

Neurofeedback ist das Feedback von Gehirnaktivität, gemessen im EEG. Durch das Feedback der eigenen EEG-Aktivität, wird die Wahrnehmung der internen Zustände verbessert. Auf diese Weise kann gelernt werden, bestimmte neuronale Aspekte selbst zu regulieren. Das Ziel des Neurofeedbacks ist es, Fehlregulierungen des Gehirns zu durchbrechen und das Gehirn wieder in einen besseren Funktionszustand zu bringen. Die hier benötigte Gehirn-Computer-Schnittstelle wird durch eine Rückmeldeschleife in fünf Elementen gebildet (Abb.4).

1. Die Messung der Gehirnaktivität durch das Verfahren der EEG

2. Echtzeitanalysen der gemessenen Aktivität

3. Die Extraktion eines bestimmten neuronalen Merkmals, welches trainiert werden soll

4. Die Übertragung dieses Merkmals in ein Feedbacksignal

5. Der Patient, der versucht seine Gehirnaktivität zu beeinflussen, die dann wiederrum gemessen, analysiert, extrahiert und rückgemeldet wird.

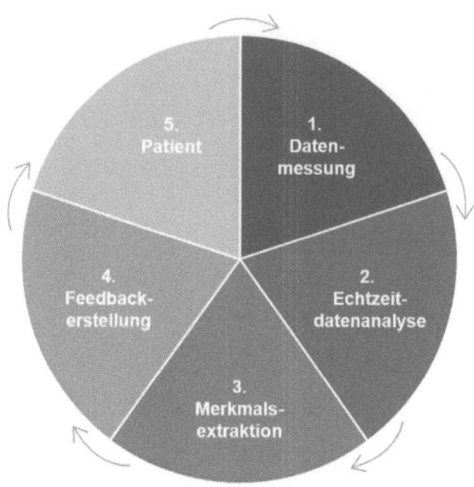

Abb. 4: Fünf Elemente der Neurofeedback-Rückmeldeschleife

(Quelle: Eigene Darstellung in Anlehnung an Enriquez-Geppert, 2019, S. 185)

Typischerweise sitzt der Patient dabei in bequemer Haltung auf einem Stuhl vor einem Monitor. Das Feedback wird z.B. in Form von Figuren auf einem Bildschirm gegeben und hilft, die normalerweise nicht wahrnehmbare und steuerbare Gehirnaktivität zugänglich zu machen. Abhängig davon, ob die aktuelle Gehirnaktivität gewünscht ist oder nicht, bewegen sich die Figuren auf dem Bildschirm weiter oder erstarren. Dadurch lernt der Patient mentale Strategien und setzt sie ein, um neuronale Merkmale zu regulieren, die mit bestimmten kognitiven Funktionen der Reduzierung von Symptomen verschiedener psychischer und neurologischer Störungen zusammenhängen. Frühe Phasen sind zunächst besonders durch fluktuierende Feedback-Signale gekennzeichnet. Nachfolgend erreicht die neuronale Aktivität sporadisch und zufällig den Bereich der erwünschten Aktivität, bei dem der Patient entsprechendes Feedback erhält. Dadurch ist das Gehirn in der Lage, einen bestimmten neuronalen Zustand als internen Sollwert zu speichern und schüttet belohnungsmodulierende Signale wie Dopamin aus. Bei nachfolgenden Rückmeldeschleifen versucht der Patient die erwünschte Gehirnaktivität durch Anwendung mentaler Strategien zu reproduzieren, verwendet immer effizientere Strategien, trifft den Sollwert besser und verändert somit leichter seine Gehirnaktivität. Obwohl Neurofeedback potenziell mit unterschiedlichen Methoden durchgeführt werden kann und andere Modalitäten als EEG vielversprechende Resultate zeigen, hat derzeit die EEG die größte Bedeutung für die klinische Praxis, da Neurofeedback Software und Hardware mobil und kostengünstig sind (Haus et al., 2020, S. 6-20; Enriquez-Geppert, 2019, S. 185-186; Enriquez-Geppert, 2019, S. 187).

3.2 Anwendungsmöglichkeiten

Derzeit wird Neurofeedback hauptsächlich in drei Bereichen genutzt. Zum einen als therapeutisches Verfahren im Rahmen einer klinischen Intervention bei Patienten, zum anderen als Training zur Leistungsoptimierung gesunder Personen und zuletzt als experimentelle Methode zur Untersuchung möglichen kausalen Zusammenhang eines neuronalen Merkmals und einer kognitiven Funktion (Enriquez-Geppert, 2019 S. 187). In dieser Arbeit wird der Fokus auf klinische Anwendungsmöglichkeiten gesetzt.

Innerhalb klinischer Interventionen hat sich Neurofeedback als effektiv zur Behandlung von Epilepsie, ADHS, Autismus-Spektrum-Störung, Angststörungen, Lernstörungen, Alkoholismus, PTBS, Depression und chronischen Schmerzen, wie Spannkopfschmerzen und Fibromyalgie, erwiesen (Hammond, 2007; Haus et al., 2020, S. 234-270). Zur Anwendung des Neurofeedbacks gibt es verschiedene Methoden, u.a. das Frequenzbandtraining, welches wiederrum in Alpha-Training, Alpha- und Theta-Training sowie SMR-Training unterteilt werden kann, das SCP-Training und das Infra-Low-Frequency-Training. Zu neueren Ansätzen im Neurofeedbacktraining gehören das Live-Z-Score-Training, das Loreta-Neurofeedback-Verfahren, Phänotyp- geleitetes Neurofeedbacktraining und HEG-Training.

3.2.3 Neurofeedback bei ADHS

In den letzten Jahren gab es vor allem aus den USA Erfolgsberichte über Kinder mit ADHS, die ein Neurofeedback-Training erhielten. Im Rahmen einer randomisierten kontrollierten Studie erhielten 59 Kinder mit ADHS im Alter von acht bis zwölf Jahren ein Neurofeedbacktraining mit 36 Trainingseinheiten. Dieses enthielt 18 Einheiten mit Theta/Beta-Training und 18 Einheiten mit SCP-Training. Die Kontrollgruppe erhielt die gleiche Anzahl von Trainingseinheiten eines computerisierten Aufmerksamkeitstrainings mit dem deutschen Lernprogramm „Skillies". Es zeigte sich, dass das Neurofeedbacktraining die Symptomatik der Kinder, im Gegensatz zum Computertraining, signifikant minderte (Stollhoff, 2010, S. 424). Auch das SMR-Training Training und das ILF-Training ist bei Kindern mit ADHS beliebt und effektiv. Die Fortschritte ermöglichen eine effektivere Anpassung an die Anforderungen der Umwelt und führen zu Selbstregulation sowie dem Erleben von Selbstwirksamkeit (Haus et al., 2020, S. 234).

3.2.3 Neurofeedback bei Ess- und Gewichtsstörungen

In einer randomisierten und kontrollierten Studie untersuchten Lackner et al. (2016) weibliche Jugendliche mit Anorexia Nervosa im ambulanten und im stationären Behandlungskontext. Die Kontrollgruppe erhielt die übliche Behandlung, bestehend aus medizinischer und psychologischer Versorgung. Die Experimentalgruppe erhielt darüber hinaus ein fünf-wöchiges EEG Neurofeedback Training. Ziel des Neurofeedbacks war es, die individuelle Alpha-Frequenz zu erhöhen. Die Ergebnisse zeigen eine Verringerung der Essstörungspathologie durch das zugeführte Neurofeedback Training. Darunter Verringerungen der Werte auf der Skala „kognitive Kontrolle über das Essen/gezügeltes Essverhalten" und Erhöhungen der Werte auf der Skala „Störbarkeit des Essverhaltens", d.h. Erhöhung der Flexibilität des Essverhaltens und geringeres Stressempfinden.

Literaturverzeichnis

Anton, F. (2006). Psychobiologie I: Der Aufbau des Nervensystems. Vorlesung an der Universität Luxemburg im WS 2006.

Becker-Carus, C. & Wendt, M. (2017) Neurowissenschaft und Verhalten – biologisch-physiologische Grundlagen. In: Allgemeine Psychologie. Berlin, Heidelberg: Springer. https://doi.org/10.1007/978-3-662-53006-1_2

Blume, M., Schmidt, R. & Hilbert, A. (2017). Biofeedback. Psychotherapeut 62, 204–211. https://doi.org/10.1007/s00278-017-0193-9

Cuzzo, B. & Lappin, S. L. (2018). Vasopressin (antidiuretic hormone, ADH).

Ehlert, U. (2016). Verhaltensmedizin. Springer-Lehrbuch (2. Auflage). Berlin: Springer. https://doi.org/10.1007/978-3-662-48035-9

Enriquez-Geppert, S. (2019). Neurofeedback aus der Perspektive der Neurowissenschaften. Psychotherapeut 64, 186–193. https://doi.org/10.1007/s00278-019-0351-3

Entringer, S. & Heim, C. (2016). Biologische Grundlagen. In: Ehlert U. Verhaltensmedizin. Springer-Lehrbuch. Berlin, Heidelberg: Springer. https://doi.org/10.1007/978-3-662-48035-9_2

Gertz, S. D. & Liebman, M. (2003). Basiswissen Neuroanatomie: Leicht verständlich, knapp, klinikbezogen (4. Auflage). Stuttgart: Thieme.

Hammond, D. C. (2007). What is neurofeedback?. Journal of neurotherapy, 10(4), 25-36. https://doi.org/10.1300/J184v10n04_04

Haus K. M., Held, C., Kowalski, A., Krombholz, A., Nowak, M., Schneider, E., Strauß, G. & Wiedemann, M. (2020). Praxisbuch Biofeedback und Neurofeedback. Berlin, Heidelberg: Springer. https://doi.org/10.1007/978-3-662-59720-0_1

Herbert, B. M. (2017). Spezialgebiete der Biologischen Psychologie (1. Auflage). Riedlingen: SRH Fernhochschule – The Mobile University.

Karim, A. A. & Eck, G. (2015). Biologische Psychologie (1. Auflage). Riedlingen: SRH Fernhochschule – The Mobile University.

Lackner N., Unterrainer, H.-F., Skliris, D., Shaheen, S., Dunitz-Scheer, M., Wood, G. & Neuper, C. (2016). EEG neurofeedback effects in the treatment of adolescent anorexia nervosa. Eat Disorder 24(4), 354–374. doi:10.1080/10640266.2016.1160705

Schandry, R. (2016). Biologische Psychologie. Mit Online-Material. 4. Auflage. Weinheim: Beltz.

Schmithüsen, F. & Anton, F. (2015) Biopsychologie. In: Schmithüsen F. Lernskript Psychologie. Springer-Lehrbuch. Berlin, Heidelberg: Springer. https://doi.org/10.1007/978-3-662-44941-7_4

Stollhoff, K. (2010). ADHS: Wie nachhaltig hilft Neurofeedback-Training?. Pädiatrie Hautnah 22, 424–425. https://doi.org/10.1007/BF03363890

von der Assen C. (2016) Biologische Psychologie I. In: Crash-Kurs Psychologie. Berlin, Heidelberg: Springer. https://doi.org/10.1007/978-3-662-43359-1_3

BEI GRIN MACHT SICH IHR WISSEN BEZAHLT

- Wir veröffentlichen Ihre Hausarbeit,
  Bachelor- und Masterarbeit

- Ihr eigenes eBook und Buch -
  weltweit in allen wichtigen Shops

- Verdienen Sie an jedem Verkauf

Jetzt bei www.GRIN.com hochladen und kostenlos publizieren